Renate & Uwe H. Sültz

Bücher von A bis Z

R.G.WARDENGA

Paranormale Phänomene

Unglaubliche Geschichten

Begleitbuch ebenfalls erhältlich!

AF285117

Tragen Sie Ihre Erlebnisse hier ein:

ISBN: 9-78375-2-68361-5

BoD - Books on Demand
Norderstedt 2021

Bibliografische Information durch die Deutsche Nationalbibliothek
Die Deutsche Nationalbibliothek verzeichnet diese Publikation in der
Deutschen Nationalbibliografie; detaillierte bibliografische Daten
sind im Internet über http://dnb.dnb.de abrufbar.

I'LL
BE
BACK

Aktives Mitglied bei

Bilder und Videos auf Pixabay werden unter der Pixabay Lizenz mit den folgenden Bedingungen zur Verfügung gestellt.
Durch die Pixabay Lizenz erhältst Du ein unwiderrufliches, weltweites, nicht exklusives und gebührenfreies Recht,
die Bilder und Videos für kommerzielle und nicht kommerzielle Zwecke zu verwenden, herunterzuladen, zu kopieren
und zu verändern. Eine Nennung des Bildautors bzw. von Pixabay ist nicht erforderlich, wir wissen jedoch eine
freiwillige Quellenangabe zu schätzen.

© Renate & Uwe H. Sültz
Herstellung und Verlag
BoD – Books on Demand, Norderstedt
ISBN 9-78375-2-64322-0

pixabay AKTIVES MITGLIED

© BY SÜLTZ

Sültz Bücher

AKTIVES MITGLIED
UND FÖRDERER

Sueltz Books

Inhalt:

Vorwort/Erklärung zur Paranormalität/
Geisterjäger werden/Equipment von Uwe Heinz Sültz

Paranormalität bezeichnet etwas nicht auf natürliche Weise Erklärbares oder Übersinnliches. Viele Menschen, auch Tiere, etwa Hunde, haben paranormale Phänomene erlebt und können diese Erlebnisse vielleicht nicht erklären oder nicht ganz deuten. Es macht aber auch eventuell Angst oder es beruhigt und gibt endlich den herbeigesehnten Frieden. Jeder, der Erfahrungen im Übersinnlichen Bereich gemacht hat, versucht es nach eigenen Überlegungen zu deuten. Ganz bestimmt wird es Menschen geben, die meinen etwas gesehen zu haben. Es wird Menschen geben, die sich in den Mittelpunkt bringen wollen, etwa bei TV-Produktionen. Es wird Menschen geben, die durch den Verlust eines nahestehenden oder geliebten Menschen Erscheinungen sehen. Auf jeden Fall sollte doch versucht werden, Übersinnliches und Normales, Nichterklärbares und Logisches, zusammenzubringen. Wenigstens sollte es versucht werden, um die ganze Angelegenheit nicht zu naiv zu sehen oder gar Scharlatanen auf den Leim zu gehen. Wir sehen also, Paranormalität ist ein schmaler Weg.

Bei mir begann alles, nachdem geliebte Familienmitglieder zwischen meinem 16'ten und 18'ten Lebensjahren gestorben sind. Mit 18 Jahren eröffnete ich meine erste Gruppe. Wir wollten damals nur über DAS LEBEN, DAS LEBEN NACH DEM TOD, AUßERIRDISCHE und über DAS WELTALL diskutieren. Es war 1978. Ein Gruppenmitglied, Margarete Zöllner, 73 Jahre zum damaligen Zeitpunkt, hat das Buch „Sprechfunk mit Verstorbenen" gelesen. Sie warf zum ersten Mal das Wort „Tonbandstimmen" in die Runde. Ihr Ehemann ist zwei Jahre zuvor gestorben. Wir waren alle Suchende.

Info: (Wikipedia, ich bin aktives Mitglied und Förderer) Der Begriff „Tonbandstimmen" geht auf den schwedischen Kunstmaler und Opernsänger Friedrich Jürgenson zurück, der im Jahr 1959 mit seinem Tonbandgerät Aufnahmen von Vogelstimmen anfertigte und nach mehrmaligem Anhören der Bänder glaubte, neben den Vögeln auch Stimmen zu hören, welche ihn persönlich ansprachen („Friedrich, du wirst beobachtet") und Dinge sagten, von denen nur er selbst wissen konnte. Er widmete sich seit dieser Erfahrung völlig der Erforschung dieses Phänomens. Im Jahr 1967 veröffentlichte er sein Buch Sprechfunk mit Verstorbenen und machte damit auch den Begriff „Stimmen aus dem Jenseits" publik.

Jürgenson war zeit seines Lebens darum bemüht, seine Entdeckung aus wissenschaftlicher Sicht untersuchen zu lassen. Hierzu führte er Gespräche mit Rundfunktechnikern, genauso wie mit Physikern und Psychologen. So ließ etwa das Parapsychologische Institut der Universität Freiburg unter der Leitung von Hans Bender in Zusammenarbeit mit Jürgenson in den Jahren 1964 und 1970 Untersuchungen durchführen, welche die Existenz des Phänomens zwar grundsätzlich bestätigten, die jedoch nicht weitergeführt wurden, da die erzielten Ergebnisse den strengen Anforderungen der verwendeten Analyseverfahren nicht genügten.

Auch der lettische Schriftsteller Konstantin Raudive (1909–1974) beschäftigte sich langjährig mit den Tonbandstimmen. 1968 erschien sein Buch Unhörbares wird hörbar. Raudive war wie Jürgenson bestrebt, das Phänomen unter wissenschaftlich kontrollierten Bedingungen zu beweisen. Dieses gelang ihm mit der Mikrofonmethode im März 1971 durch die Einspielung von Stimmen in einem Faradayschen Käfig im abgeschirmten Laboratorium der Firma Belling & Lee Ltd/London. Skeptiker bezweifeln die Aussagekraft dieser frühen Untersuchungen, weil unklar sei, ob geeignete Vorkehrungen getroffen wurden, um Einflüsse auszuschließen. Ernst Senkowski (Mainz), Pfarrer Leo Schmid (Oeschgen/CH) und Ing. Seidl (Wien) sind, bzw. waren, weitere Experimentatoren, die sich intensiv mit dem Phänomen auseinandersetzten.

Der Wiener Physiker Johannes Hagel (Zeitschrift für Anomalistik 1+2/2002) vermutet infolge seiner Experimente zur Frage der systemerhaltenden Rolle von Zufallsprozessen in maschinellen Systemen, dass jemand, der Tonbandstimmen einspielt, sich mit komplexen Zufallsprozessen in seiner unmittelbaren Umgebung in Verbindung setzt. Diese Zufallsprozesse würden durch den Vorgang der Einspielung das Zustandekommen von sprachähnlichen oder sprachartigen, akustischen Sequenzen bewirken, deren Bedeutung (bezugnehmende Aussagen) einer Einwirkung auf die einspielende Person entsprächen. Hagel betont, dass über diese Phänomenologie hinaus immer noch ein großer Erklärungsbedarf bleibe, insbesondere hinsichtlich des Mechanismus dieser akausalen Korrelation. …

Bereits 1978/79 gab es Gruppen, die mit einfachen Compact Cassetten Recordern auf „Stimmenfang" gingen. Ich war damals in der Ausbildung zum Radio- und

Fernsehtechniker. Für mich gab es nur qualitativ hochwertige Geräte von ELAC, NAKAMICHI, usw.

Nun gut, unser erstes Treffen fand in Selm statt. Frau Zöllner und ich wurden eigeladen, Frau Zöllner stellte den Kontakt her. Ich hielt mich etwas im Schatten von Frau Zöllner. Sie erwarb, wie von der Gruppe bevorzugt, einen Recorder von GRUNDIG (Serie 400, Jahrgang 1976/77, eingebautes Elektret-Kondensator-Mikrofon, Tragegriff, Batteriebetrieb/Netz und mit Aufnahme Automatik). Die Kontaktaufnahme wurde vorbereitet:
Alle stellten ihre Recorder ein… der Gruppenleiter stellte eine Frage (Name jetzt frei erfunden): „Herbert, wenn Du uns hören kannst, so gib uns ein Zeichen."

Weitere Fragen wurden gestellt. Zeit verging, alle waren ganz still.

Danach beendete man mit einer Danksagung die Kontaktaufnahme. Die Cassette wurde zurückgespult und gestartet. Auf maximaler Lautstärke war ein Rauschen zu hören. Dann Geräusche… immer wieder wurde versucht zu analysieren. Ich hatte oft das Gefühl, dass der Gruppenleiter uns Worte in die Ohren legen wollte und es nach seiner Vorstellung zu interpretieren versuchte. Ich hatte Einwände: Der Recorder nahm über das eingebaute

Mikrofon Signale automatisch auf. Das bedeutet, dass die Technik des Recorders meint, bei Stille regle ich, also der Recorder, hoch, denn da muss doch was sein. So war es auch. Auf meinen hochwertigen Geräten, mit Equalizern, Oszillographen, usw. hörte ich ein Türzuschlagen und ein Auto. Beim nächsten Treffen nahm ich meine Geräte mit. Der Unterschied war der, dass ich HiFi Geräte zum Einsatz brachte. Ein Frequenzbereich von 20 Hz bis 20000 Hz. Die Grundig-Geräte schafften 10000 Hz. … … … Ich nahm nicht einmal ein Rauschen auf.

Ich sollte nicht mehr wieder kommen, ich wollte schon…

Im Nachhinein meine ich, dass ich falsch gelegen habe. Warum? Ich habe damals noch zu wenige Informationen von dieser Materie gehabt und alles nur technisch gesehen. Da war z.B. das Rauschen. Zunächst einmal das Bandrauschen. Magnetband war eines der ersten Formate, mit denen die Leute zu Hause problemlos Sprache oder Musik aufnehmen konnten. Leider war eines der größten Probleme bei Kassetten, die das Magnetbandformat verwenden, ihre Neigung, ein deutliches Rauschen zu erzeugen. Bandrauschen ist das Hochfrequenzrauschen, das bei analogen Magnetbandaufnahmen auftritt und durch die Größe der zur Herstellung des Bandes verwendeten Magnetpartikel verursacht wird.

In den 1960'er Jahren erfanden Dolby Laboratories ein komplexes System zur Reduzierung dieses Rauschens, das es dem Kassettenmedium ermöglichte, tolerierbare (wenn auch nicht ganz originalgetreue) Musikwiedergaben zu machen. Dank Dolby wurde die Kassette bis zur Veröffentlichung des CD-Players zum beliebtesten Medium. Auch dank Dolby wurde das Bandrauschen minimiert. Das bedeutete wiederum, dass ich mit meinen teuren Recordern überhaupt nichts ausrichten konnte. Dolby unterdrückte das Rauschen und somit auch Signale, die ich gern gehört hätte.

Nun möchte ich im Kassettenrecorder-Bereich das bestmöglichste Gerät. Meine ELAC 400/500/520/700/1000 Geräte brachte ich zum Einsatz. Der ELAC 400 hatte kein DOLBY, aber einen Limiter-Schalter, also einen Begrenzer. D.h., dass ich ein hochwertiges Mikrofon angeschlossen habe, die Aufnahme-Regler voll aufdrehen konnte und durch die LIMITER-Begrenzung die eingebaute Elektronik das Aufnahmesignal reduzierte, ohne zu verzerren... es war nicht DIE Lösung. HiFi, also mindestens bis 12500 Hz sollte ein Recorder schon aufnehmen, tragbar sollte er auch sein. Für mich fand ich den idealen Recorder im BASF 9220:

Dieser Recorder hat ein eingebautes Mikrofon, war tragbar, ein externes Mikrofon lässt sich anschließen, Strom/Batterie-Betrieb und es war in HiFi.

Wer Geisterjäger werden möchte, kann im Compact Cassetten Recorder Bereich in Ebay immer noch gute Geräte für die Tonbandstimmen-Aufnahme finden. Ebenso gibt es noch genug Cassetten dazu. Hier empfehle ich

Chrom Cassetten, der Tonkopf hält länger und der Frequenzbereich ist größer.

Randbemerkung: Man kann Cassette oder Kassette schreiben. PHILIPS hat sie erfunden und schrieb es mit C, wegen des internationalen Geschäftes.

Heute verwenden Geisterjäger digitale Diktiergeräte:

Eigenschaften:

- 16 GB Speicherkapazität nach Wahl
- 3 Arten von Aufnahmequalität: HQ / High Quality (384 kbps), FQ / Fine Quality (192 kbps), LP / Long Record (32 kbps)
- Sprachgesteuerte Aufnahme (VOR)
- Aufgenommene Datei im WAV-Format
- A-B-Wiederholfunktion: Wiederholt einen bestimmten Teil der Musik
- Schneller Vor- / Rücklauf
- Halten Sie während der Wiedergabe die Abwärtstaste gedrückt, um schnell vorzuspulen, und lassen Sie die Taste los, um fortzufahren
- Halten Sie während der Wiedergabe die UP-Taste gedrückt, um zurückzuspulen. Lassen Sie die Taste los, um fortzufahren
- MP3-Funktion, mit dem eingebauten Lautsprecher können Sie es ohne Kopfhörer laut spielen
- Unterstützt verschiedene Sprachen
- Löschfunktion: Löschen Sie MP3-Musikdateien und Sprachdateien, die auf dem Gerät gespeichert sind. Sie können entweder eine einzelne Datei oder alle Dateien löschen

- USB-Verbindung erleichtert das Hoch- und Herunterladen von Sprachdateien
- Eingebauter Lautsprecher und Mikrofon
- Eingebaute Lithiumbatterie:
- Wiederaufladbar (3-4 Stunden Ladezeit)
- Bis zu 20 Stunden ununterbrochene Aufnahme
- Bis zu 13 Stunden ununterbrochene Wiedergabe
- Frequenzbereich: 20 bis 20000 Hz

Mit dem Programm AUDACITY lasst sich das Aufgenommene dann sehr gut am PC analysieren und bearbeiten.

Es muss also nicht gleich eine Ghostbox gekauft werden. Wer Geisterjäger werden will, sollte nach meiner Meinung mit den hier gezeigten Hilfsmitteln anfangen, um zu sehen, ob es wirklich sein Ding ist.

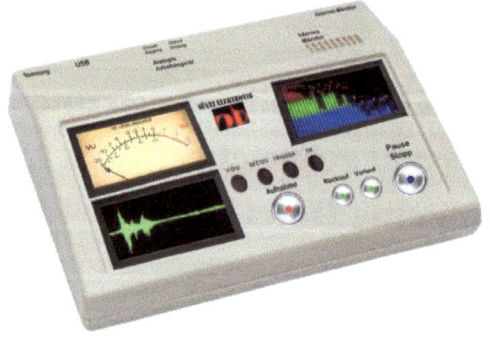
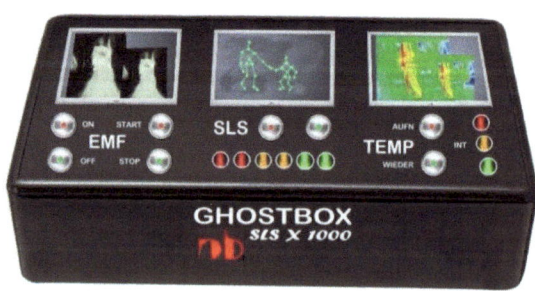

Was kann eine Ghostbox? Eine Ghostbox vereint verschiedene Messmethoden, auch Einzelgeräte werden Ghostbox genannt. Was benötigt der Geisterjäger?
Hier eine Auflistung:

- Foto und Video: Verwendung von digitalen Kameras, Nachtsichtgeräten, Infrarotkameras und sogar Einwegkameras zum Entdecken von etwaigen Bild- und/oder Tonstörungen.
- EMF-Messgerät: Zur Erkennung möglicherweise unerklärlicher Schwankungen elektromagnetischer Felder.
- Tablet-PC: Zur Aufzeichnung von Daten, Audio, Video und sogar Umgebungsschwankungen wie elektromagnetischen Feldern.
- Umgebungstemperaturmessung: Mit Thermografiekameras, Wärmebildkameras, Infrarotthermometern und anderen Infrarottemperatursensoren. Alle diese Methoden messen nur die Oberflächentemperatur und nicht die Umgebungstemperatur.
- Digitale und analoge Audioaufzeichnung: Erfassen von unerklärlichen Geräuschen und elektronischen Stimmphänomenen (EVPs), die als körperlose Stimmen interpretiert werden können.

- Kompass: Einige Geisterjäger verwenden einen Kompass, um die Position von paranormalen Stellen zu bestimmen, ähnlich wie bei EMFs.
- Geigerzähler: Zur Messung von Strahlungsschwankungen.
- Infrarot- und/oder Ultraschall-Bewegungssensoren: Erkennen möglicher anomaler Bewegungen in einem bestimmten Bereich oder zur Unterstützung einer kontrollierten Umgebung, in der eine menschliche Bewegung erkannt wird.
- Ausrüstung zur Überwachung der Luftqualität: Beurteilung der Konzentrationen von Gasen wie Kohlenmonoxid, von denen angenommen wird, dass sie zu Berichten über paranormale Aktivitäten beitragen.
- Infraschallüberwachungsausrüstung: Zur Beurteilung des Geräuschpegels.
- Wünschelruten: Meist aus Messing gefertigt und L-förmig gebogen.
- Wahrsager, Medien oder Hellseher: Trance-Medien oder „sensible" Personen, von denen man annimmt, dass sie die Fähigkeit haben, sich mit spirituellen Wesen zu identifizieren und Kontakt mit ihnen aufzunehmen.

- Dämonologen, Exorzisten und Geistliche: Personen, die Gebete sagen, Segnungen geben oder Rituale durchführen, um angebliche Geister, Dämonen, Poltergeister oder „negative Energie" zu reinigen.
- Licht aus: Laut den Webseiten der Geisterjagd-Enthusiasten ziehen es viele Geisterjäger vor, ihre Ermittlungen während der „spitzen" Abendstunden (Mitternacht bis 4 Uhr) durchzuführen.
- Ghostbox: Ein elektronisches Gerät, von dem einige Geisterjäger behaupten, dass es mit Geistern kommunizieren kann.
- Interviews: Sammeln von Zeugenaussagen und Berichten über angebliche Verfolgungsjagden.
- Historische Forschung: Erforschung der Geschichte des untersuchten Ortes.
- Ein Ouija-Brett, um mit Geistern zu kommunizieren.
- Laut einem psychischen Medium deutet man an, dass „Hunde, die an bestimmten Stellen auf einem Grundstück knurren und bellen" und Katzen, die in einen bestimmten Bereich ziehen oder suchen, als ob jemand anwesend wäre, auf einen Spuk hindeuten.
- Die SLS-Kamera dient als Hilfe bei der Suche nach Geistern und paranormalen Phänomenen die auf dem Tablet in Echtzeit angezeigt werden.

Im vorinstallierten Programm ist es möglich, den Ton, die Entfernung von Objekten, die Lichtintensität und die Visualisierung gescannter Objekte zu überwachen.

- SLS-Kamera: Die Kamera kann einen Menschen oder ein Tier in absoluter Dunkelheit erkennen. Wenn Sie auf dem Display eine Figur sehen, die für das menschliche Auge im wirklichen Leben unsichtbar ist, ist es wahrscheinlich, dass es eine menschliche Seele ist. Mit der AP-Kamera können Sie direkt auf Ihr Tablet oder auf Ihre SD-Karte aufnehmen. Voll aufgeladene AA-Batterien halten ungefähr 6 Stunden im Dauerbetrieb. Der verstellbare Halter kann entfernt werden und die gesamte Konstruktion kann einfach an einem Stativ befestigt werden, um beispielsweise bequemer aufnehmen zu können.

Wie gesagt, nicht alles sollte sofort erworben und dann losgelegt werden. Jeder sollte die Gründe kennen, warum er das tun will. Denn, wie schon erwähnt, ist das Geisterjagen ein ganz schmaler Weg, glauben oder nicht glauben, wissen oder nicht wissen, beweisen oder nicht zu beweisen... jeder muss seinen eigenen Weg finden.

Sie sind auf jeden Fall in guter Gesellschaft, wenn Sie etwas aus der Vergangenheit erfahren:
Von Plinius dem Jüngeren ist die erste Untersuchung (100 n. Chr.) überliefert, die man als Paranormale Untersuchung oder Geisterjagd beschreiben könnte. Er beschreibt die Untersuchung eines Spukhauses im antiken Athen durch den Philosophen Athenodoros Kananites.

1862 wurde in London der Ghost Club gegründet, der als die erste Institution gilt, die paranormale Phänomene untersuchte. Berühmte Mitglieder waren unter anderem Charles Dickens, Sir William Crookes, Sir William F. Barrett und Harry Price.

Zwischen 1880 und 1890 schlug der Philosoph und Begründer der American Psychological Association William James vor, wissenschaftliche Methoden zur Erforschung paranormaler Fragestellungen einzusetzen. Er fand Verbündete in England wie beispielsweise Alfred Russel Wallace, den Philosophen Henry Sidgwick und Edmund Gurney. Gemeinsam gründeten sie die Society for Psychical Research, um Beweise für Erscheinungen, Spuk und ähnliche Phänomene zu finden. Die Mitglieder der Society sammelten Fallstudien, beobachteten Seancen, entwarfen Tests zur Überprüfung von Wahrsagern und führten den Census of Hallucinations ein, eine Statistik, in der die Anzahl der geisterhafte Erscheinungen von Personen am Tage ihres Todes gezählt wurden.

Ähnliche Untersuchungen wurden von Harry Price mit dem Londoner Laboratory of Psychical Research ab 1920 durchgeführt, die 1950 und 1960 durch die Amerikaner Hans Holzer und Ed und Lorraine Warren fortgesetzt wurden.

In Deutschland versuchte unter anderem Johann Wolfgang von Goethe, sich von der Existenz von Geistern und Spuk zu überzeugen, und er verarbeitete seine Erlebnisse im Faust (4160f.) in der Walpurgisnacht: „Das Teufelspack, es fragt nach keiner Regel. Wir sind so klug, und dennoch spukt's in Tegel."

Wissenschaftliches Interesse erregte die umfangreiche Fallsammlung von Fanny Moser, die sie dem Institut für Grenzgebiete der Psychologie und Psychohygiene (IGPP) in Freiburg unter Hans Bender hinterließ.

Bundesweite Schlagzeilen machte 1983 die Geisterjagd in einer Zahnarztpraxis. Mehrere Monate wurde nach dem Chopper-Geist gefahndet.

Im TV wird man gut animiert Geisterjäger zu werden. Durch das Internet und Filme, wie Das Spukhaus und Reality-TV-Shows wie Ghost Hunters und Most Haunted, ist derzeit ein Boom auf dem Gebiet der Geisterjagd zu verzeichnen. Weltweit agieren Teams von Enthusiasten und Hobbyforschern, die in ihrer Freizeit Spukgerüchten nachgehen und ihre Dienste Betroffenen anbieten. Aber ich bleibe dabei, finden Sie Ihre eigenen Gründe, um nicht später enttäuscht zu werden. Hier eine Hilfestellung:

Bei mir passierte Folgendes: Seit dem Tot geliebter Menschen in meinem Kreis, begann ich, wie gesagt, mich mit dem Leben nach dem Tot, dem Übergang, usw., zu beschäftigen. Eines Nachts wurde ich wach und näherte mich der Zimmerdecke. Langsam drehte ich mich um und sah auf meinen Körper. Ich bin also ausgestiegen. Es gab ein Windgeräusch und schwupp war ich wieder in meinem Körper. Paranormale Phänomene und Wissenschaft versuchte ich nun irgendwie zusammenzubringen. Nach der Ausbildung zum

Radio- und Fernsehtechniker studierte ich Nachrichtentechnik. Auch begleitete ich Menschen, die demnächst sterben werden. Ich nannte es den Übergang. Frau Sempell sagte zu mir: „Nachts bin ich in einem Tunnel. Ich soll nach oben. Rechts und links wollen Hände nach mir greifen. Es sind die Guten und die Bösen. Oben sehe ich das helle Licht." Am Tag des Überganges blieb ich bei ihr. Nachdem sie gegangen war, gab es einen Luftzug und die Gardine bewegte sich. Selbst mein Rottweiler verfolgte diese Bewegung, diesen austretenden Geist. Aber mein ganz persönlicher Beweis kam in der Klinik. Ich lag dort und wurde behandelt. Es herrschte Hektik, nicht wegen mir, ein Verletzter wurde eingeliefert. Ich konnte von meinem Standort nicht sein Gesicht sehen, nur den unteren Teil. Das Team ging aus dem Zimmer und beratschlagte die weitere Vorgehensweise. Plötzlich trat aus seinem Körper ein etwa 10 cm großer heller Energieball aus. Er verließ den Körper erst waagerecht und stieg dann parabelförmig nach oben und verschwand. Das sind meine persönlichen Gründe, paranormalen Phänomenen nachzugehen.

Seit vielen Jahren ist meine Frau Renate mit dabei. Wir besuchten bereits einige Vorlesungen, Veranstaltungen,

Tonbandstimmen-Gruppen, Pendel- und Tischrücken-Treffen. Sie wurde gläubig, nachdem wir ein Haus erworben haben und sie sich dort nicht wohlfühlte. Eigenartige Dinge passierten, auch mir. Wir erfuhren, dass im Wohnzimmer Geisterbeschwörungen stattfanden. Wir verkauften das Haus. Glauben Sie mir, wenn an uns paranormale Phänomene herangetragen werden, beginnt man sofort und angergiert damit, etwas aufklären zu wollen. Im eigenen Haus, im eigenen Bett… da sind wir sofort geflohen.

Ist Ihnen also auch etwas in ähnlicher Form passiert? Dann haben Sie gute Gründe, Geisterjäger zu werden. Suchen Sie nur Sensationen, wird es nicht klappen.

Albert Einstein sagte, dass Energie nicht verbraucht werden kann, sie wird umgewandelt. In unseren Gehirnen lässt sich Energie durch Ströme messen. Sterben wir, wird es eben umgewandelt. Klingt doch plausibel, oder?

Wir sterben also, irgendwann und das muss uns bewusst werden. Das ist eben der Weg. Nennen wir es besser ein Übergang. Sind wir glücklich gewesen, hatten ein erfülltes Leben und können loslassen, wird es wohl direkt ins Licht, direkt zu Gott gehen. Sind wir unerfüllt, so richtig sauer, werden wir wohl in einer Zwischenwelt verbleiben. Und nun kommt der Geisterjäger ins Spiel… kann er helfen? Kann er mit Hilfe von Medien, Dämonologen, Exorzisten und Geistlichen dem ruhelosen Geist den Weg zeigen? Das ist der Sinn eines Geisterjägers, nicht die Sensationslust.

Paranormale Phänomene können aber auch durch Träume aktiviert werden. Personen, die uns negativ zu nahe gekommen sind, die uns im Traum verfolgen, können plötzlich real werden, sogenannte Poltergeister. Das kann uns in den Wahn treiben. Hier kann der Betroffene gegenwirken. Ein Hobby anlegen, mit Freunden über schöne Dinge reden… aber auch hier kann der Geisterjäger helfen und unterstützend mitwirken. Der Poltergeist wird wieder verschwinden. Und immer sind Gebete zu sprechen.

Kommen wir nun noch einmal zum Rauschen. Rauschen ist bekannt als Hintergrundrauschen oder Strahlung im All. Zu sehen ist es bei alten Fernsehern als Schnee, zu hören im TV und Radio als Zischen… es rauscht eben. Auch Tonbänder und Cassettenband rauscht. Und das war mein Irrtum damals.

Im Rauschen kann sich ein Signal verstecken. Im folgenden Bild wird ein Aussteuerungsinstrument gezeigt. So schnell könnte ein schwaches Signal nicht verfolgt werden, wenn es sich um ein kurzes „Ja" oder „Geh" handelt.

Auf einem Oszillographen dagegen ist das kurze „Ja" oder ein anderes Geräusch erkennbar:

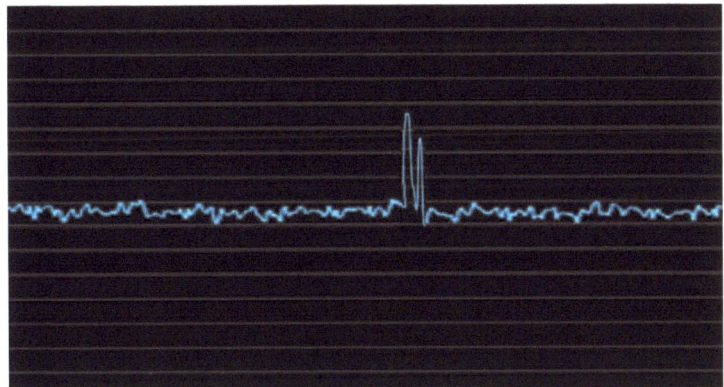

Nun gibt es verschieden Möglichkeiten dieses Rauschen aufzunehmen.

- **Aufzeichnung bei völliger Stille durch Aufnahmegerät mit angeschlossenem Mikrofon (Mikrofon-Methode)**
- **Aufzeichnung eines oder mehrerer zumeist fremdsprachiger Rundfunksendungen mit oder ohne Mikrofon (Radio-Methode)**
- **Aufzeichnung eines Rundfunkgeräts, das auf eine Frequenz ohne Sender eingestellt ist und daher ein Rauschen („weißes Rauschen") erzeugt**
- **Aufzeichnung des Erzeugnisses eines speziellen Computerprogramms (z. B. EVPMaker), das zuvor eine beliebige Audiodatei (*.wav) nach dem Zufallsprinzip in kleine Segmente zerteilt und neu zusammengesetzt hat (Sprachsynthese-Methode, Phonem-Synthese-Methode)**

Und wer weiß schon was uns im Rauschen des Universums alles erwartet. Das Bild der DVD Poltergeist lässt es erahnen:

25TH ANNIVERSARY EDITION

EINE STEVEN SPIELBERG PRODUKTION
EN TOBE HOOPER FILM

POLTERGEIST

„SIE SIND HIER"

FSK
ab
16
freigegeben

In den 1980'er Jahren waren unsere Erfolge nach der Radio-Methode gut. Auch musste wenig Equipment gekauft werden. Die Musikanlage im Wohnzimmer reichte aus. Ob es eine Rosita-Anlage war oder ein Musikturm, das Rauschen im UKW-Bereich oder MW, LW und KW waren immer zu hören. Ganz ehrlich, MW, LW und KW waren mir nicht ganz geheuer, irgendwann hörte man immer Geräusche, die man mit gesuchten Antworten in Verbindung bringen konnte. Aber auch hier sage ich, jeder sollte seine Experimente machen.

Bei den Tonbandstimmen mit einem Cassettenrecorder kommt es natürlich auch auf die Interpretation der Geräusche an, so wie bei allen Methoden. Auch diese Methode war irgendwie erfolgreich. Mit „irgendwie" meine ich, dass ich nicht immer mit der Meinung der anderen Geisterjäger konform war.

In den Jahren 1984 bis 1988 lief dann die Fernsehserie UNGLAUBLICHE GESCHICHTEN mit Rainer Holbe. Von 1992 bis 1993 legte Holbe die Sendung noch einmal neu auf. Die, die daran glauben, hoffen, dass sie auf diese Weise mit den Seelen Verstorbener oder anderen Entitäten kommunizieren. Der Physiker Ernst Senkowski (1922–2015) prägte hierfür den Begriff der instrumentellen Transkommunikation. Das stellt nichts anderes dar, als eine moderne, säkularisierte Form des Spiritismus. Verfechter von Tonbandstimmen gehen lediglich von einem der Wissenschaft bislang unbekannten Vorgang aus und erhoffen sich weitere Erkenntnisse durch umfassendere methodische Untersuchungen.

Wir werden es irgendwann einmal sehen, wer Recht hat und was es für einen Sinn macht, Geisterjäger zu werden. Auf jeden Fall schenkt es einigen Suchenden Zuversicht und Trost. Übrigens war Frau Zöllner mit Herrn Prof. Dr. Ernst Senkowski bekannt. So kam auch ich in den Genuss diesen sehr kompetenten und freundlichen Physiker kennenzulernen. Meine Frau Renate und ich wünschen Ihnen viel Erfolg bei der Suche und bei diesem interessanten Hobby.

Uwe H. Sültz

Im Begleitbuch finden Sie Protokolle, die Sie ausfüllen können, um Ihre Tonbandstimmen zu dokumentieren.

Auf der nächsten Seite sehen Sie den Inhalt. Sie können auch eigene Kopien herstellen. Danach geht es weiter mit unerklärlichen Ereignissen, die an uns herangetragen wurden.

TONBANDSTIMMEN PROTOKOLL NR. ___

DATUM _____

UHRZEIT _____

AUFNAHMEORT _____

MEIN NAME _____

ANWESENDE _____
_____

AUFNAHMEGERÄT _____

CASSETTEN RECORDER ___ TONBAND ___ DIKTIERGERÄT DIGITAL ___

DIKTIERGERÄT ANALOG ___ COMPUTER ___

AUF CASSETTE ANALOG ___ TONBAND ___ COMPUTER ___ SPEICHERKARTE ___

MP3 ___ WAF ___ _____

EXTERNES MIKROFON ___
SCHAUMSTOFFUNTERLAGE ___   ZÄHLWERK _____

GRUNDGERÄUSCH AUS DEM RADIO ___ FREQUENZ _____ BAND _____

BRUNNEN ___ GERÄUSCHKONSERVE ___ KEINE GERÄUSCHE ___ _____

ARCHIV CASSETTEN ___ ARCHIV COMPUTER ___

CASSETTEN NR. _____ DATEI _____

WER HAT SICH GEMELDET? _____

INFORMATIONEN, WIE DIMENSION/EBENE _____

GESTELLTE FRAGE _____

_____

_____

ERHALTENE ANTWORT _____

_____

_____

30

Wieder sind neue unerklärliche Geschichten an uns herangetragen worden. Außerdem gibt es einen Rückblick auf die Ereignisse, nachdem etwas Zeit vergangen war.

Ist Ihnen Folgendes auch schon einmal in ähnlicher Form passiert: Sie wachen in der Nacht auf und sehen im Flur ein helles Licht in Form eines DNA-Stranges? Etwa 60 cm lang, es leuchtet, aber es erleuchtet nichts. Sie beugen sich auf, um es besser zu sehen, da schließt sich die Schlafzimmertür mit einem quietschenden Geräusch. Nicht nur Sie sehen es, auch Ihr Partner. Der Hund läuft wild im Zimmer umher und versteckt sich unter der Decke...

Es sind Geschichten, die es nicht geben kann, oder? Aber genau so wurden diese Ereignisse an uns herangetragen. Auf 10 Leerseiten können Sie Ihre eigenen Erlebnisse eintragen... es passiert immer zwischen Mitternacht und 3 Uhr.

Hand in Hand in den Tod

Kriminalkommissar Hans Schemberg hatte es mit einem sehr einfachen Fall zu tun. Er wurde gerufen, weil sich ein Ehepaar über einen längeren Zeitpunkt nicht mehr in der Öffentlichkeit gezeigt hatte. Zunächst sei aber gesagt, dass polizeiliche Ermittlungen nicht an Dritte weitergegeben werden dürfen. Ein Ermittlungsverfahren oder die Privatsphäre Dritter ist hier nicht verletzt worden. Der Kommissar gab auf Nachfrage der Kinder unsere Adresse preis, da die Kinder eine übernatürliche Vermutung äußerten. Was fand der Kommissar? Zwei ältere Herrschaften lagen tot im Ehebett. Sie waren gut gekleidet und hielten sich an den Händen fest. Es gab keinerlei Gewalteinwirkungen. Sie schienen friedlich eingeschlafen zu sein. Die Gerichtsmedizin bestätigte, dass beide im Abstand von etwa 120 Minuten verstorben sind. 73 Tage waren sie bereits tot. In der Wohnung fanden die Kinder der Verstorbenen, 55 und 48 Jahre alt, Bücher über den Weltraum, Paranormale Phänomene, Selbsthypnose, Hypnose, Meditation und den Buddhismus. Auch das TAO ist zu finden... also der Weg...

Das Ehepaar ist 75 Jahre alt geworden und war 51 Jahre lang verheiratet. Als uns ihre Kinder kontaktiert haben, sprachen sie von Stimmen und Schatten im Raum. Da wir den Kommissar kannten, vereinbarten wir einen Termin in der Wohnung der Verstorbenen. Mit Erlaubnis der Kinder durften wir auch in den privaten Sachen nach Hinweisen suchen. Nach welchen Hinweisen? Nun, wer sich für den Weltraum interessiert, für Leben nach dem Tod, für Meditation, usw., der ist wahrscheinlich nicht nur einfach so aus dem Leben gegangen. Wir setzten in diesem Fall nicht unser Equipment ein, sondern befassten uns mit den Dingen im Raum. Wir glaubten, dass es hier Stimmen und Schatten gibt, da musste es etwas Anderes geben. In den Büchern fanden wir viele Randbemerkungen. Viele Aufzeichnungen, Tagebücher und beschriebene Zettel lagen ordentlich in Schubladen. Wir fragten die Erben, was passiert sei. Sie sagten, dass ihre Eltern, Paul und Gerda, schon ein bisschen eigenartig nach dem Koma des Vaters waren. Wir ließen uns alles erzählen. Und nach der Durcharbeitung aller schriftlichen und mündlichen Informationen, stellten wir folgende Zusammenstellung auf:

Der Verstorbene ist im Jahr 2019 in ein Zuckerkoma gefallen. 1500 mg/dl kann man eigentlich nur schwer überleben. Außerdem fielen die Nieren aus. Eine Lungenentzündung war noch die Krönung. Nach dem

Erwachen ließ er die Erlebnisse von seiner Frau notieren. Im Koma kämpfte er um sein Leben. Konkret sah das so aus: „Ich sah auf eine bunte Landschaft. In der Mitte lila Wasser. Rechts ein Stück Weg in Blau. In der Ferne sah ich einen Wächter auf rotem Land. Rechts waren 3 Zelte auf gelbem Land. Ich musste gehen, konnte nicht stehen bleiben. Falle ich ins lila Wasser, bin ich tot. Am Wächter angekommen zeigte dieser auf die drei Zelte. Dort sollte ich gegen Kämpfer insgesamt 100 Punkte erkämpfen. In jedem Zelt war ein Kämpfer."

Paul erreichte die Punktezahl und wachte auf. Am Bett stand seine Frau mit einer strahlend weißen Mütze. Er erkannte seine Frau an ihren Augen. Er konnte seine Umgebung nicht einordnen. Die bunten Lämpchen und die Geräusche deuteten auf eine Spielhalle hin. …

Wieder kam Paul zu sich. Gerda kam in den Raum. Paul fragte: „Gerda, wo ist denn Deine weiße Mütze?" „Ich habe keine weiße Mütze. Eine Mütze würde ich im Krankenhaus auch nicht tragen." Auf dem Weg zum Ausgang fragte ein Pfleger: „Weiß jemand, dass Ihr Mann hier auf der Intensivstation liegt? Hier war nämlich eine Frau am Bett Ihres Mannes. Keiner von uns weiß wer es war, woher die Frau kam und wohin sie ging." Gerda wusste von nichts.

Nach einer Erholungsphase änderten Paul und Gerda ihr Leben radikal. Hatten sie im Haus, in der Familie und bei Freunden immer versucht für den Weltraum, das Leben nach dem Tod und für Meditationen Werbung zu machen, lebten sie von heute auf morgen sehr zurückgezogen. Nachbarn berichteten uns, dass sie sehr oft über den Urknall und über den Buddhismus sprachen, ja, regelrecht allen dies nahelegten. Ihre Aufzeichnungen (Brief an die Kinder und Notizen auf Zetteln und in Büchern) waren dann sehr aufschlussreich: „Es hat lange gedauert, bis wir auf den Weg gekommen sind, der uns beide zu Erkenntnissen kommen ließ. Heute wissen wir, in jeder Zelle im Universum steckt alles an Informationen, vom Big Bang bis zum endgültigen Schluss unseres Universums. Woher wir kommen und wohin es geht... wir wissen es jetzt. Vor dem Big Bang gab es nur einen geballten, riesengroßen Geist. Die fassbare Größe spielt dabei keine Rolle, ob Stecknadelgroß oder Planetengröße. Niemand kann sich wirklich vorstellen, dass in einem stecknadelgroßen Raum Abermillionen Geister, bzw. Gehirnschwingungen vereint sein können. Und diese Geister haben Ideen und Wünsche. Und so formten sie nach dem Big Bang die Materie, die Zeit, Galaxien, usw. Durch meditieren können wir unser eigenes ICH erforschen, aber auch das GANZE. Ob es einmal einen leeren Raum vor dem Urknall gab, wissen wir nicht, aber es könnte sein, denn es war bestimmt nicht der erste Urknall. Paralleluniversen wird es auch geben, zweidimensional oder mehrdimensional, denn dem denkenden und intelligenten Geist sind keine Grenzen gesetzt. Und wenn alles durch Schwarze Löcher eingefangen wird, geht es wieder von vorne los. Wir haben nun unser Leben gelebt, wir haben verstanden. Durch die Meditation und Selbsthypnose können wir in eine andere Welt eintauchen. Die Corona-Krise tat ihr Weiteres dazu, dieser Welt auf Wiedersehen zu sagen. Wohlgemerkt, wir sind nicht depressiv, aber unser Alter, die Gesundheit und die begrenzten Zukunftsaussichten haben uns dazu gebracht, gemeinsam zu Gehen… „

Paul und Gerdas Kinder waren mit diesen Erkenntnissen zufrieden, genauso wie Kommissar Schemberg.

Auch wir schlossen die Akten.

Ein Geist, der nicht verkaufen will

Das günstig erworbene Haus gefiel uns. Zum einen, es ist nach unseren Vorstellungen gebaut und natürlich zum anderen, es war echt billig. Gut 20.000 Euro werden wir noch investieren müssen, dann ist es für uns wirklich toll. Unsere beiden Kinder haben sich bereits ihre Zimmer reserviert. Im unteren Raum werde ich mir einen Hobbykeller einrichten, obwohl die Kinder von einem Kicker-Raum sprechen. Sie sprechen immer noch davon, obwohl sich einiges an unerklärlichen Dingen im Haus abgespielt hat.

Das Haus wurde von der Vorbesitzerin verlassen, da sie mit Demenz in ein betreutes Wohnen einzog. Wir besuchten sie oft, Verwandte hatte sie keine. Gleichzeitig wollten wir auch unsere Dankbarkeit zum Ausdruck bringen. Die Vergesslichkeit der Vorbesitzerin, wir durften Tante Luise zu ihr sagen, schwankte jeden Tag. Mal erkannte sie uns, an anderen Tagen wieder nicht. Meine Frau und ich kannten uns schon etwas mit der Krankheit Demenz aus, aber wir staunten, als Tante Luise uns ihre Sicht des Vergessens erklärte. „Ja", sagte sie, „ein Teil von mir ist schon auf der anderen Seite, mein Körper und ein kleiner Teil sind noch hier."

Selbstverständlich dachten wir über diese Aussage nach. Denn wir alle stellen uns doch die Fragen „woher" und „wohin".

Im Haus ging das große Aufräumen weiter. Ein ganzes Leben musste von Tante Luise durchkämmt werden. Es ist manchmal sehr traurig, dass wir einige Dinge einfach nur entsorgen mussten. Über die sehr gepflegte Kleidung freute sich das Rote Kreuz. Dann war da noch eine riesig lange Krippe, die von Luises Ehemann liebevoll gebaut wurde. Es war ein Krippendorf mit vielen Figuren. Auch Weihnachtssachen fanden wir im Waschkeller. Wir beschlossen, die 2,5 Meter lange Krippe aufzubauen und im Ebay anzubieten. Vom Erlös wollten wir Tante Luise regelmäßig Blumen mitbringen, so lange es reicht.

Endlich war es soweit, die riesige Krippe war aufgebaut. Nun sollte sie angeboten werden. Es interessierten sich viele Käufer dafür. Nun, es war schließlich auch echte Handarbeit aus Berchtesgaden.

Am nächsten Morgen gingen wir alle gemeinsam in den Flur. Es ist ein Haus mit zwei Stockwerken. Nach dem Frühstück gehen die Kinder zur Schule, meine Frau und ich zur Arbeit. Im Flur schockte uns, dass alle 72 Figuren umgekippt waren. Niemand war aber über Nacht unten. Nun gut, am Abend wird eben alles wieder aufgebaut.

In Ebay gab es mittlerweile viele Kaufinteressenten, aber noch keine Gebote. Alle warteten eben auf die letzten Sekunden.

In der Nacht hörten wir um kurz nach Mitternacht ein lautes Gepolter. Sofort liefen wir in den Flur. Was wir alle sahen war unfassbar. Die Kiste mit den Weihnachtssachen lag umgekippt im Waschkeller. Sie befand sich auf einem Regal im obersten Fach. Auch waren wieder alle 72 Figuren umgekippt. Wir beschlossen, die Krippe und die Weihnachtsdekoration nicht zu verkaufen. Die Ebay-Auktion wurde gestoppt.

Nun, dies liegt zwei Jahre zurück. Die Krippe haben wir nun bereits zwei Mal zu Weihnachten aufgebaut. Selbstverständlich war Tante Luise immer dabei. Auch bekommt sie bei unseren Besuchen immer einen Blumenstrauß.

Anmerkung der Autoren: Wir bleiben mit Tante Luise in Kontakt, auch zu Weihnachten 2021, wenn wir alle in der Corona-Zeit gesund bleiben. Denn Corona ist Realität mit verheerenden Auswirkungen.

Gas-Alarm

Ein Haus wurde frisch renoviert. 3 Parteien können ein schönes Zuhause haben. 3 Familien wurden gefunden. In der mittleren Etage zog eine freundliche Familie ein. Ganz unten ein älteres Ehepaar. Ganz oben zog ein eher zurückhaltendes Ehepaar ein. Sie haben Kinder und Enkel. Der Vorbesitzer des Hauses ist verstorben. Überall ist seine Handschrift zu erkennen. Er liebte wohl sein Reich. Er liebte, so die neue Besitzerin, auch Ruhe und Frieden.

Nach zwei Monaten passierten immer wieder eigenartige Vorfälle: Zwei aufgehängte Vogelhäuser wurden zerstört. Einige Dinge sind im Haus und im Garten gestohlen worden. Dann der Hammer: Das Abgasrohr wurde vom Gasofen abgehoben, so das Abgase ausströmen konnte und der Gasofen selbst wurde geöffnet. Es hätte Tote geben können. Das ganz oben lebende Ehepaar hat mit ihrer Wohnung immer wieder Probleme.

Wir vermuten, der Geist des ehemaligen Besitzers hat etwas gegen diese Mieter. Die Kriminalpolizei ist eingeschaltet. Jeder Mieter weiß von nichts! Wir beobachten weiter...

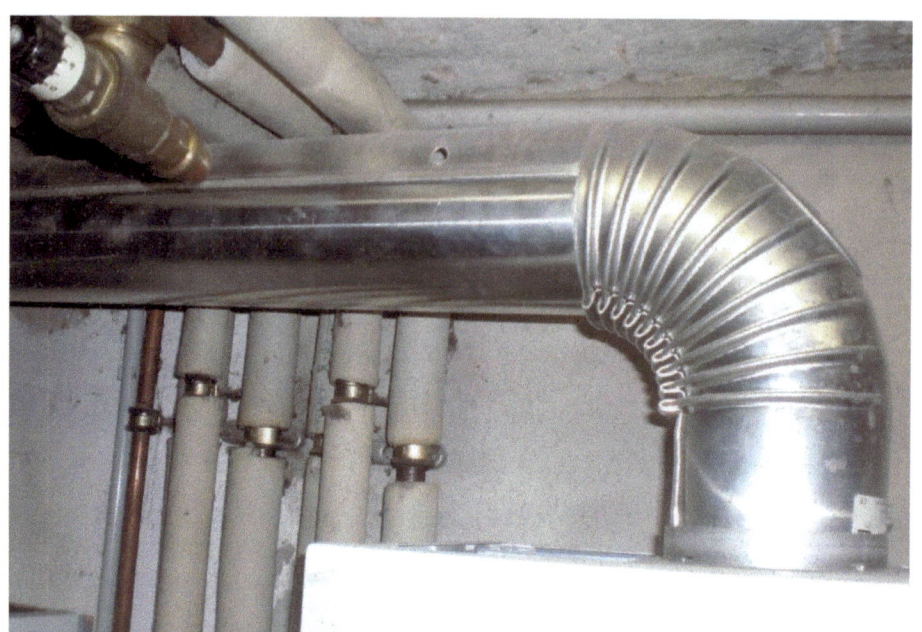

Ein müder Geist? (Im Haus bei Familie Sempell)

In unserem Haus wurden früher spiritistische Sitzungen abgehalten. Ehrlich gesagt, daran glaubten wir nicht. Alles wurde neu gestrichen, hübsch eingerichtet und nun kam Freude auf. Aber nicht lange. Hier und dort schaltete sich das Licht ein. Nun gut, das konnten auch wir selbst gewesen sein. Hier und dort ein Geräusch, auch das würde sich erklären lassen.

Trotzdem kamen Zweifel auf. Mit Bewegungsmeldern „bewaffneten" wir uns gegen das Mystische.

Eines Nachts, es war um 2 Uhr 45, wurde ich auf folgende Art geweckt:

Meine Frau und ich schliefen fest. Sie lag auf dem Rücken, ich auf meiner linken Körperseite, zu ihr gerichtet. Wach wurde ich, weil ich auf meinem Rücken einen handgroßen Druck verspürte. Wollte sich der Hund hinter mich legen? Auf jeden Fall spürte ich den Druck auch im wachen Zustand. Mit der Hand fühlte ich meine Frau. Ich öffnete meine Augen, der Druck blieb.

Erschrocken drehte ich mich um. Aus dem Zimmer verschwand ein etwa 1,80 Meter großer schwarzer Schatten. In unserem Schlafzimmer ist es übrigens nie ganz dunkel. Der Schatten verschwand in Richtung Flur. Sekunden später ging das Licht der Bewegungsmelder an.

Immer noch geschieht etwas Eigenartiges in unserem Haus. ...

Wir nahmen noch einmal Kontakt per Mail mit den Eheleuten auf. Sie haben das Haus wieder verkauft, nachdem sich weitere unerklärliche Phänomene dort abgespielt haben. Wir schlossen die Akte.

Auch diese eher unglaubliche Geschichte ist an uns herangetragen worden.

Flucht aus der Wohnung

Als Anna Neumann am Abend nach getaner Arbeit heim kam, wusste sie noch nicht wie der Abend enden würde. Der harte Job, den sie schon viele Jahre erledigte, hatte dafür gesorgt, dass ihre Wirbelsäule nicht mehr intakt war. Doch geklagt hatte sie noch nie. Warum auch, der Lohn stimmte und das Geld wurde dringend gebraucht. Sie legte sich wie jeden Abend auf das Sofa im Wohnzimmer um erst einmal ihren Rücken zu entspannen.

Sie nickte ein und schreckte kurze Zeit später wieder auf. Ein furchtbar lautes Atmen drang direkt in ihr Ohr. Ein Stöhnen und flüstern im Wechsel. Dann wieder ein hämisches Lachen. Was es auch immer war, es flüsterte ihren Namen, vermischt mit einem boshaften Unterton. Anna blieb ruhig, denn sie wusste zu gut, dass es auch an der Übermüdung liegen konnte. Anna zitterte am ganzen Körper und es wurde eisig kalt um sie herum. Die Heizung war hochgestellt und trotzdem fror sie heftig. Sie deckte sich zu und schlief wieder ein. Doch von Entspannung konnte keine Rede mehr sein. Nur einige Minuten später fing der Schaukelstuhl, der auf der Terrasse stand an, sich zu bewegen. Das Schaukeln wurde immer heftiger. Es wurde so stark, dass der Schaukelstuhl immer mehr In die Richtung der Glastür katapultiert wurde. Anna behielt immer noch die Nerven, doch sie merkte, dass ihr Herz nicht mehr im geregelten Takt schlug. Es wurde ruhig in ihrer Wohnung, fast schon zu ruhig. Anna war nicht mehr die Jüngste und die Angst nahm sie vollkommen in Beschlag.

Was sollte sie tun? Um Hilfe schreien? Nein, aber nicht in diesem Haus, denn es würde niemand hören. Der Leerstand in diesem 8 Familienhaus zog sich schon eine Weile hin. Nur noch sie und eine Rentnerin in der oberen Etage bewohnten dieses Gebäude.

Die Müdigkeit übermannte Anna schließlich, sodass sie tief einschlief. Am Mittag des nächsten Tages erwachte sie aus einem fast narkoseähnlichen Schlaf. Sie wünschte sich, dass die Erlebnisse des gestrigen Abends, sich nicht wiederholten. Sie war sehr spät dran und hoffte in ihrem Job keine Schwierigkeiten zu bekommen. Anna ließ sich eine plausibel klingende Ausrede einfallen, die sie noch einmal vor einem Ärgernis bewahrte.

Wie jeden Abend, nahm sie auch an diesem Freitag wie gewohnt ihre Post aus dem Briefkasten. Als sie schon am

Treppenabsatz stand um hinaufzugehen, hielt sie etwas am Arm fest, sodass sie nicht in der Lage war sich zu bewegen. In dem Augenblick als sie schreien wollte, flüsterte wieder diese boshafte Stimme etwas in ihr Ohr. Sie solle sich in Acht nehmen und so schnell wie möglich das Haus für immer verlassen, drohte diese krächzende Stimme ihr an. Was sie vermeiden wollte, trat nun ein. Sie schrie aus Leibeskräften um Hilfe, doch ihr Geschrei verhallte ungehört in diesem Haus. Eine Weile verging, bis sie sich wieder einigermaßen gefangen hatte. Sie dachte an ihren verstorbenen Mann, der ihr nun sehr fehlte. Er hätte sie sicher in den Arm genommen und getröstet, doch nun musste sie sich alleine durchs Leben kämpfen und sich auch noch mit Horror und Grusel auseinandersetzen. Sie kroch erschöpft die Treppen hinauf und war froh, die Tür in ihre Wohnung hinter sich schließen zu können.

An diesem Abend wollte sie nicht noch einmal diesen Horror erleben zu müssen. Sie legte sich nach dem abendlichen Imbiss sofort in ihr Bett. Anna schlief wieder sehr tief ein. Doch die Ruhe wurde jäh unterbrochen, durch ein nerventötendes Kratzen und Scharren in der Wand. Schweißgebadet und voller Angst stand Anna auf. Sie horchte an der Wand, doch nichts war zu hören. Und wieder diese krächzende Stimme. Erst flüsterte sie und nun wurde dieses Höllenorgan immer lauter und eindringlicher. Sie solle so schnell wie möglich aus diesem Haus verschwinden und das es Zeit wäre, dass die letzten Mieter gehen. Anna war nahe dran verrückt zu werden.

Sie riss sich zusammen und beschloss so schnell wie möglich aus diesem Haus zu verschwinden. Am nächsten Tag schon suchte sie nach einer kleinen Wohnung für sich, denn nach dem plötzlichen Tod ihres Mannes war diese Wohnung auch viel zu groß für sie. Das diese Erkenntnisse erst jetzt da waren, verdankte sie wohl diesem Geist.

Es dauerte nur ein paar Wochen und sie konnte in eine kleine zwei Raumwohnung ziehen, außerhalb der Stadt. Später hörte Anna von einer Bekannten, dass die alte Frau aus dem Obergeschoss verstorben war. Das Haus wurde komplett abgerissen, da noch nicht einmal die Wohnungsgesellschaft Zutritt zu diesem Haus bekam. Der frühere Besitzer dieses Hauses wurde von einem Mieter, der vor Anna in dieser Wohnung lebte, ermordet. Die Leiche wurde nie gefunden, sie war im Schlafzimmer dieser Wohnung, in die Wand eingemauert worden. Es dauerte noch eine Weile, bis Anna die Erlebnisse verarbeitet hatte aber endlich hat sie keine Angst mehr nach Feierabend in ihrer Wohnung vom Horror überrascht zu werden. Doch so ganz sicher ist sie sich bis heute nicht.

Anmerkung der Geisterjäger: Eine eher unglaubliche Geschichte. Nach einer Phase der Ruhe konnte die Autorin uns die Geschichte so aufschreiben.

Der Poltergeist in meinem Bett (aus Essen in NRW)

Fast konnte ich es selbst nicht glauben, wenn es sich nicht so realistisch angefühlt hätte. Ja, sogar das Erkennen der Gestalt, die hautnah, nein sogar fühlbar war.

Jeder von uns verarbeitet im Traum das, was er am Tage erlebt hat oder Geschehnisse aus der Vergangenheit, die unserer Seele Schaden zu gefügt haben. Oder aber die Trauer eines geliebten Menschen und die Erinnerung daran, wie schön es einmal war. Auch meine Vergangenheit war nicht schön. Meine Kinder haben mir stets Mut gemacht weiter zu machen. Sie brauchten ihre Mutter dringend. Auch sie litten fürchterlich unter ihrem Vater, der keine Rücksicht auf sie nahm, wenn er im betrunkenen Zustand schlimme Dinge vollbrachte.

Das alles sei vorweg gesagt, trägt aber auch dazu bei, dass ich fast jede Nacht von Albträumen geplagt werde. Oft sind sie so realistisch, dass ich Traum und Wirklichkeit nicht auseinander halten kann. So auch in dieser Nacht im Sommer 2014.

Nach einem recht angenehmen Tag, der eigentlich keine Albträume verursachen sollte, ging ich zu Bett. Wie jeden Abend, las ich noch, schaute in den Himmel und wartete auf irgendwelche Zeichen, dass wir nicht alleine in diesem Universum sind. Es war schon nach Mitternacht, als ich beschloss, den kleinen Fernseher auszumachen. Ich legte mich hin und schlief auch recht schnell ein. Die Albträume waren grausam und ein grausam aussehender Dämon verfolgte mich aus meinen Träumen heraus, bis in die Realität. Zumindest wusste ich nicht mehr, was ist Realität und was Spuk. Er sprang hinter meinem Kopf an die Wand und kletterte wie eine Spinne auf allen Vieren die Tapete hoch. Dabei stieß er unverständliche Worte aus. Ich merkte, wie er sich meinem Kopf näherte und fing an erbärmlich zu schreien.

Mein Sohn, der im Nebenzimmer schlief, rannte entsetzt in mein Zimmer und konnte mich fast nicht beruhigen. Die Fratze und die zerfetzten Lumpen, die dieser Dämon trug, haben sich so in meinem Gehirn manifestiert, so dass ich diesen Albtraum nie vergessen werde. Ich würde heute sogar sagen, dass es kein Albtraum, sondern ein reales Erlebnis war.

Auch das folgende Erlebnis spielte sich im Jahr 2014 ab. Komisch, dass sich ein Jahr nach dem Tod meines Mannes, die paranormalen Vorfälle häuften. Sein Geist war einfach nicht bereit zu gehen. Oder konnte er nicht gehen? Hinderte ihn etwas daran? Ja, ich glaube, dass er mir noch nach seinem Tod etwas antun wollte.

Ich ging zu Bett, wie jeden Abend, machte meinen Fernseher an und holte mir mein neustes Buch. Es tat gut diese Ruhe. Jedoch wurde ich recht schnell eines Besseren belehrt. Als ich mich gerade umdrehen wollte geschah wieder etwas, was ich als „ reales Geschehen" einordnen würde. Ich lag in meinem Bett immer knapp an der Bettkante. Warum nicht weiter zur Mitte hin weiß ich nicht so genau. Von einer Sekunde auf die andere, versuchte etwas mich mit aller Kraft von der Kante wegzudrängen. Ich spürte den Druck und die Kraft, die dahinter steckte. Ich merkte, nein ich fühlte, wie das, was auch immer es war, sich an meine Seite legen wollte. Ich schrie aus Leibeskräften. Wieder kam mein Sohn zu mir gerannt. Mittlerweile glaubte auch er an paranormale Phänomene.

In dieser Nacht tat ich kein Auge zu. Ich besorgte mir Aufklärungslektüre am anderen Tag. Ausgiebig befasste ich mich mit diesem Thema. Schließlich bestätigten mir die Schilderungen von anderen Menschen, dass ich nicht die Einzige war, die diese Begegnungen hatte. Ich glaube, dass die Seelen der Menschen, die zu Lebzeiten bösartig waren, keine Ruhe finden. Sie werden nie in den Sog der Erkenntnis gezogen werden. Diese Seelen sind verdammt und werden immer in der Unendlichkeit herumirren.

Anmerkung der Geisterjäger: Hier hat unsere SLS-Kamera tatsächlich eine Figur gezeigt. Die Wohnung wurde verlassen und die Akte geschlossen.

Was wurde aus Joachim?

Joachim wohnt heute bei seiner Schwester. Sie versorgt ihn, denn er ist ein Pflegefall geworden. Er spricht nicht mehr im Schlaf. Bald wird Joachim wohl bei seiner geliebten Elke sein.

Hier die Geschichte:

Botschaft aus dem Jenseits

Wie in jeder Ehe, so hatten auch Joachim und Elke Höhen und Tiefen. Beide wurden vor dem zweiten Weltkrieg geboren. Beide erlebten das Donnern der Bomben. Elke versteckte sich dabei immer im Keller des Hotels Kaiserhof. Ihre Großeltern bewirtschafteten das Hotel. Hier wurde Elke auch geboren und lebte bis zur Studienzeit in ihrem kleinen Zimmer in der obersten Etage. Joachim war etwas jünger als Elke. Beide verliebten sich in den 1970'er Jahren ineinander. Elke hatte aus erster Ehe eine Tochter. Für Elke und Joachim begann ein neuer Zeitabschnitt. Joachim hätte gern Elkes Tochter adoptiert, aber dies wollte sie auf keinen Fall. Leider war Carola sehr eifersüchtig. Sie bestand darauf, in ein Internat aufgenommen zu werden. Elke und Joachim bewohnten ein kleines Haus am Rande der Stadt, ließen Carolas

Zimmer immer unberührt, denn vielleicht würde sich die Eifersucht irgendwann legen. Die Zeit verging.

Wie gesagt, es gab Höhen und Tiefen, so auch bei Elke und Joachim, aber es überwogen nach vierzig Ehejahren doch die Höhen. Beide wirkten perfekt aufeinander abgestimmt. Wortlos verstanden sie sich. Was aber nicht bedeutet hätte, dass sich beide nichts mehr zu sagen hatten, im Gegenteil, über alle Themen konnten sie stundenlang diskutieren. Mit der Zeit entstand eine tiefe Seelenliebe. Nichts, aber wirklich nichts, konnte sie aus dem Sattel heben. Alles bewerkstelligten sie gemeinsam. Beide kannten sich in- und auswendig.

Eines Tages erkrankte Elke an Alzheimer. Sie hatten bereits damit gerechnet dass es geschehen könnte, denn in Elkes Familie erkrankten viele an Demenz. Immer und immer wieder kämpften sie dagegen an. Joachim trainierte Elkes Erinnerungen täglich bis zu zwei Stunden. Ob Kreuzworträtsel, Urlaubserinnerungen, Diskussionen, einfach die gesamte Bandbreite durch. Der behandelnde Arzt bestätigte, dass auf diese Art und Weise wohl eine Verschlechterung der Krankheit um zwei Jahre verschoben werden könnte. Und das bedeutete mehr Lebensqualität. Joachims Einsatz wuchs.

Auch er wurde krank, es war der Rücken. Joachim lebte nun nur noch mit Schmerztabletten, aber sein Einsatz wurde deshalb nicht weniger. Im Gegenteil, denn Elke wurde immer träger. Carola beobachtete diese Situation akribisch. Sie konnte ihre Eifersucht nie ablegen. Und es kam der Tag, an dem sie zuschlug.

Joachim musste zu einer Untersuchung, Elke war allein zu Hause. Carola stürmte mit ihrem Ehemann die Wohnung und beide schleppten Mutter Elke unter den Armen aus dem Haus. Joachim fand nur einen Zettel auf dem Küchentisch. Man wollte Mutter Elke untersuchen lassen, da man vermutete, dass Joachim sie gezielt um die Ecke bringen wollte. Joachim brach zusammen. Es war nicht mehr möglich, einen Kontakt zu seiner Frau herzustellen. Drei Monate vergingen, mittlerweile war Joachim psychisch sehr krank geworden. Bei jedem Geräusch im Haus rief er: „Elke, ich komme sofort zu dir!" Aber Elke war nicht da. Eigenartige Dinge geschahen im Haus. Dinge, die niemand erklären konnte. Die noch eingelegte Lieblings-CD von Elke startete in der Nacht automatisch. Geräusche, wie Joachim sie von Elke kannte, hörte er zu allen Zeiten. Er war immer wie versteinert, wurde schlapper und lustloser. Das Leben wurde ohne Elke sinnlos.

Den Haushalt übernahm an einem Tag in der Woche Joachims Schwester. Sie kaufte ein und sorgte für Sauberkeit im Haus. Beide unterhielten sich immer wieder über den Vorfall. „Halte mich nicht für verrückt, aber ich spüre Elke deutlich hier im Haus. Es geht ihr nicht gut. Sie verlässt immer mehr ihren Körper", sagte Joachim oft. Joachims Schwester versuchte ihrem Bruder zu glauben. Sie zog in das Gästezimmer. Eines Morgens sagte sie zu Joachim: „Du hast heute Nacht im Schlaf laut gesprochen. In einer anderen Stimmlage fragtest du „Wo bist du?". Wenn ich das noch einmal höre, nehme ich es auf mein Diktiergerät auf." Joachim sagte darauf: „Siehst du, Elke versucht Verbindung aufzunehmen. Sie ist hier um uns herum, ich weiß es, ich spüre sie, wir sind eins."

Monate vergingen. Joachim wurde schwächer. Einen Kontakt konnte er mit Elke einfach nicht herstellen. Tatsächlich passierte es noch weitere Male, dass Joachim im Schlaf sprach. Seine Schwester nahm ein sehr bedeutendes Gespräch auf. Mit fremder Stimme kam es aus Joachim: „Wo bist du? Ich hätte dich nie verlassen. Du bist meine große Liebe. Ich wurde einfach entführt und konnte mich nicht wehren. Nun bin ich bei Gott. Wo bist du?"

Die Energie des Sterbenden

(zweiter Fall mit einer Energiekugel)

Nach meinem Zuckerkoma verbesserten sich meine Werte. Viele Organe waren ausgefallen, so richtig bewusst war mir dies im Krankenhaus nicht. 14 Tage lag ich auf der Intensivstation. So manchen Patienten sah ich kommen und gehen. Einer ging nicht mehr. Als er eingeliefert wurde, sagte mein Pfleger zu mir: „Er hat Dein Alter, aber er ist aufgebraucht. Rauchen, Alkohol und Geschwüre haben ihm sehr zugesetzt. Wir versuchen alles, damit er aus dem Koma erwacht."

Ich konnte meinen Bettnachbarn nicht direkt sehen, nur das Fußende. Morgens sah ich dann folgende Erscheinung: Ein kleiner sehr stark leuchtender Punkt, etwa 3 cm groß, erhob sich in einer Kurve vom Bett aus nach oben und verschwand durch die Decke.

Ich sah so etwas schon einmal. 1992 lag die Mutter meiner Frau im Sterben. Wir sahen diesen Energiepunkt, beide. Der Rottweiler wohl auch, denn er verfolgte den Punkt durchs Zimmer, bis er verschwand.

Nun gut, ich wusste ja nun Bescheid. Ich sprach ein Gebet und verabschiedete meinen Bettnachbarn. Im gleichen

Augenblick ertönte der Alarm. Ärzte, Schwestern und Pfleger eilten herbei. Mein Pfleger fragte mich dann: „Ist das ein Problem für Dich? Soll ich Dich rausschieben?" „Nein", sagte ich, „alles ist OK. Ich habe ihn mit einem Gebet verabschiedet."

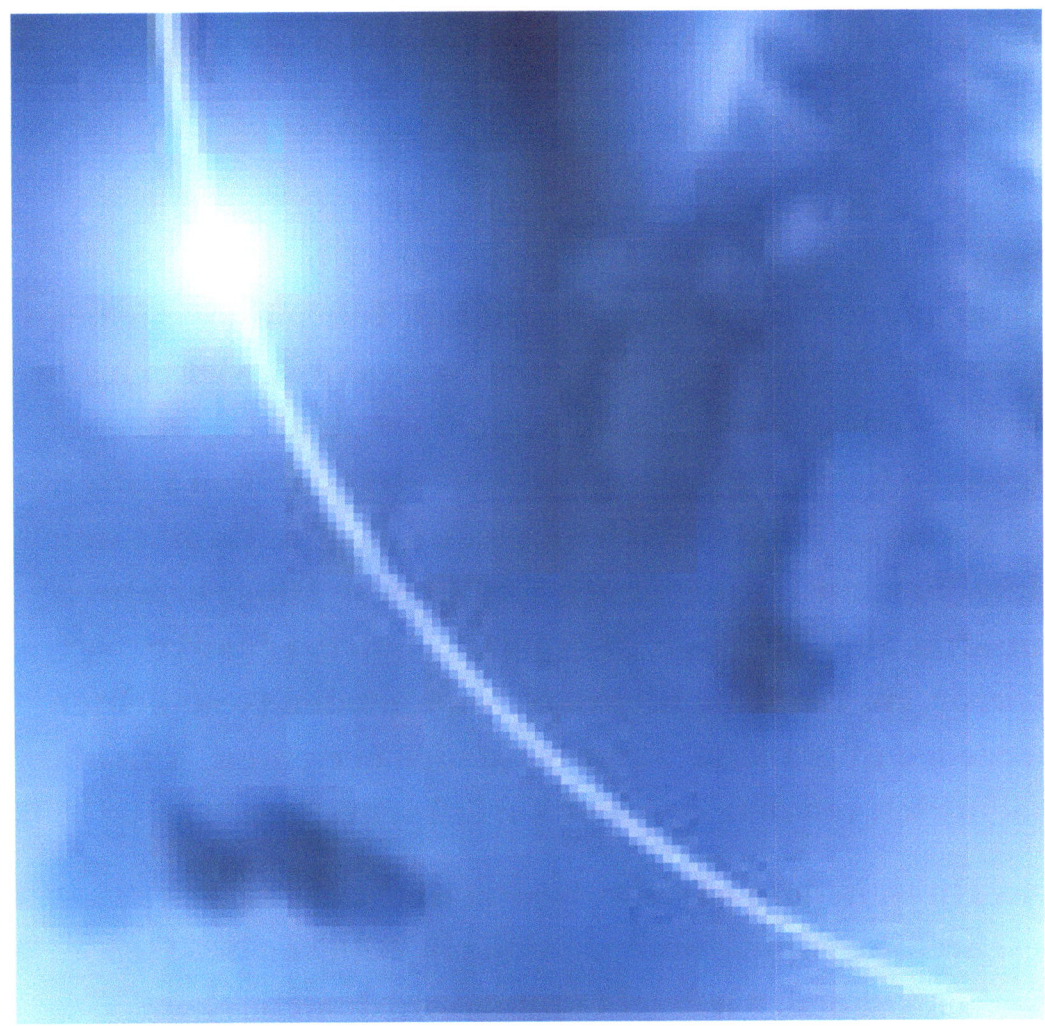

Rückblick: Was wurde aus der Geschichte
ÜBERSINNLICHES ODER EINBILDUNG?

Iris und Bernd haben auf unseren Rat gehört und immer wieder laut gesagt: „Geist, du bist willkommen! Finde deinen Weg zum Licht!" Heute ist alles im grünen Bereich. Hier noch einmal, was uns damals zugetragen wurde:

Übersinnliches oder Einbildung?

Früher habe ich mit einem Schmunzeln im Gesicht zugehört, wenn mir jemand etwas über Übersinnliche Phänomene oder Geister erzählt hat. Ich konnte mir beim besten Willen nicht vorstellen, dass es sowas wirklich gibt. Mittlerweile denke ich anders darüber, denn ich bin eines Besseren belehrt worden. Was ich erlebe, in dem Haus mit der Nummer 6, ist einfach kaum zu glauben. Es gibt viele Menschen, die diesbezüglich schlimmere Dinge erfahren mussten, aber für mich ist es jetzt schon der blanke Horror. Im Laufe meiner noch kommenden Geschichten, werde ich über meine Erlebnisse hier berichten. Nun aber möchte ich von dem neusten Vorfall schreiben.

Das Haus, in dem ich lebe, besitzt drei Etagen. Ich beschreibe es hier, damit sie sich ein Bild von der Größe machen können. Vielleicht können sie dann besser verstehen, dass man gerade in der Nacht nicht alleine sein möchte. In der oberen Etage befinden sich zwei Badezimmer, ein Ankleideraum, Schlafzimmer und ein großer Büroraum, in dem wir arbeiten. Darunter befindet sich die Küche, ein riesiges Wohnzimmer mit Essbereich, eine Terrasse mit einer Treppe, die in den Garten führt. Ganz unten, wenn man zur Haustür hereinkommt ist der Heizungsraum, eine Waschküche und ein riesiger Hobbyraum. Von diesem Raum aus, kann man auch in den Garten gehen. Nun ja, alles ist riesig würde ich mal sagen.

Damit wir hören, wenn zum Beispiel ein Einbrecher die Treppe heraufkommt, haben wir zwei Bewegungsmelder angebracht. Ein zwitschernder Vogel, der auf elektromagnetische Impulse reagiert und eine kleine Lampe mit der gleichen Funktion. Wenn nun jemand daran vorbeiläuft oder das Licht wird ein- oder ausgeschaltet, fängt der Vogel an zu pfeifen und die kleine Lampe springt an. Aber wirklich nur dann. Heute Morgen zwitscherte der Vogel mehrmals hintereinander, die kleine Lampe sprang ebenfalls ein paar Mal an. Es war noch dunkel und wir wurden davon wach. In den darauffolgenden Stunden wiederholte es sich einige Male. Makaber nicht wahr? Ja, ist es wohl. Gruselig ist gar kein Ausdruck.

Einen Tag später ging ich um 7 Uhr am Morgen hinunter, machte mir einen Kaffee und setzte mich dabei in das mehr oder weniger dunkle, riesige Wohnzimmer. Plötzlich wurde ich durch ein lautes Pochen an der Terrassentür aus meinen Gedanken gerissen. Zudem wackelte ein Raumteiler, den man zusammenklappen kann, heftig hin und her. Ein Deko-Kranz fiel von der Wand. Unser Hund wartet sonst immer bis ich fertig bin, um dann noch mal mit mir nach oben zu gehen. Dieses Mal war es anders. Er hatte Angst und rannte schon vorher die Treppe hinauf. Er verkroch sich unter die Bettdecke und kam auch, nachdem ich ihn rief, nicht heraus. Ich glaube Tiere haben ganz feine Sensoren und merken genau wenn was nicht stimmt. Offensichtlich spukt es gewaltig im Haus mit der Nummer 6. ich habe zwar keine Angst, aber ein bedrückendes, mulmiges Gefühl ist geblieben. Außerdem bin ich seit einiger Zeit ständig müde und habe das Gefühl, jemand saugt mir meine Energie aus dem Körper. Ein Blutbild beim Arzt war in Ordnung, folglich kann es nichts körperliches sein.

Komisch ist nur, wenn ich das Haus verlassen habe geht, es mir recht gut. Komme ich zurück beginnt sofort wieder dieses Gefühl. Ich behaupte felsenfest, dass wir von Geistern umlagert sind.

Das Auto will nicht immer

Herbert mailte uns, dass das was er erleben würde, niemand glauben wird.

Herbert geht einem ganz normalen Beruf nach, er ist Glaser. Seine Frau hat die Kinder großgezogen und kümmert sich heute um ihren Mann und ums Haus. Nachdem Herbert vor Jahrzehnten eine Glaskugel geschenkt bekommen hatte, interessierte sich seine Frau für das Jenseits. Regelmäßige Treffen finden im Haus statt. Mit Cassetten-Recordern geht man auf die Suche nach Nachrichten aus dem Jenseits. Herbert besucht dann immer einen Freund.

Mit dem Auto stimmt nun seit geraumer Zeit etwas nicht mehr. Es ist ein Diesel, hat erst 80000 km auf dem Tacho und Gott sei Dank, nach den ganzen Diskussionen im Augenblick, die grüne Plakette. Ein Diesel benötigt eine kurze Vorglühzeit. Das weiß jeder. Herbert steigt also ein, dreht den Schlüssel auf Vorglühen und dann dreht der Anlasser nur ½ Mal. Beim nächsten Versuch dreht der Anlasser 1 bis 2 Mal. Nach dem 6. bis 8. Mal startet der Wagen endlich. Nun das Verblüffende: Geht Herberts Frau mit zum Wagen, startet der Wagen nach dem 2. Mal. Ganz gleich wie das Wetter ist. Wir wollten mehr wissen und besuchten Iris und Herbert. Iris legte ihre Hände auf die Motorhaube und der Wagen startete. Unglaublich! Im Internet gab es ähnliche Fehler zu finden. Der Anlasser und ein Modul wurden getauscht. Herbert aber vertraut lieber seiner Iris.

Makaber, aber wir waren zugegen, können jedoch nicht mehr dazu sagen.

Blendende Erscheinung
(Erlebnisse bei Kolrep in Tinnum)

Es war um 2 Uhr in der Nacht. Wie üblich stieg der Rottweiler Flinn aus seinem Korb, streckte sich und wollte zum Pipimachen in den Garten. Ich werde jedes Mal davon wach. Aber es stört mich nicht, besser gesagt, doch schon etwas. Die Schlafzimmertür stand bis zur Hälfte auf. Meine Frau schlief ruhig und zufrieden. Ich richtete mich etwas auf und sah zwischen der halb geöffneten Tür in den Flur. Flinn lief zur Tür, drehte um und sprang in unser Ehebett. Meine Frau erwachte.

Ich sah dieses Ding, etwa 60 cm in der Höhe und 20 cm in der Breite. Es leuchtete grell, aber es leuchtete nichts an. Es sah wie ein DNA-Strang aus. Ich beugte mich weiter vor, da ging die Tür mit einem Quietschen zu. Meine Frau sah es noch genau. Mutig ging ich zur Tür und öffnete diese wieder. Das Ding war weg. Etwa 30 Minuten bewegte ich die Tür hin und her, aber das Quietschen bekam ich nicht mehr zu hören.

Nie wieder gab es diese Erscheinung. Sie versuchen immer noch, dass die Tür quietscht, aber sie quietscht nicht.

Unerklärliche Phänomene mit dem Kabelanschluss

Wir wissen nicht, wie viele Menschen einen Kabelanschluss besitzen, vielleicht 50%? Keine Ahnung! Auf jeden Fall funktioniert es doch so: Vom Kabel in der Straße bekommt man einen Abzweig zum eigenen Haus oder in die Wohnung. Im eigenen Haus wird ein Gerät verbaut und eingestellt, was perfekte Signale per Koaxialkabel zu unserem Fernseher liefert. Alles OK so!

Bei unseren Freunden Udo und Claudia gab es folgendes unerklärliches Problem. Plötzlich, von heute auf morgen, gab es keine privaten TV-Programme mehr und das seit 6 Monaten. Das kann passieren, nichts ist unmöglich. Nur, die Programme verschwanden immer zwischen 20 Uhr 15 und 20 Uhr 30. Täglich! Erklären sie das mal dem Kundendienst.

Der Techniker kam. Udo fragte gleich: „Haben Sie den Beruf erlernt?" „Nein, aber einen Lehrgang besucht.", sagte der Techniker. Mit einem Messgerät, handgroß, ging er auf Spurensuche. „Alles ist bestens. Trotzdem tausche ich die Dose." Gesagt getan. Nebenbei sagte er noch, dass er bislang jeden Fehler gefunden hätte. Und, dass heute Abend alles bestens sei. Der Abend kam. Udo sah noch den Wetterbericht im Ersten, dann RTL... es war 20 Uhr 17.

RTL gab es nicht, auch nicht die anderen Privaten. Morgens gegen 11 Uhr war alles wieder OK.

Der nächste Techniker machte es ganz kurz. „Ist doch alles in Ordnung!", sagte er und ging nach 5 Minuten. „Ist doch klar", rief ihm Udo noch zu, „es ist ja auch erst 15 Uhr!"

Dann kam der dritte Techniker. „Nun, sie müssen sich einen neuen Fernseher kaufen, dazu noch den neuen Vertag mit 100000'er Leitung.", sagte er. Udo liest im Internet Zeitung, Claudia sucht Kochrezepte. Ihr TV ist ein 4 Jahre junger Samsung.

Jetzt kam endlich ein Experte. Er hat zwei Lehrgänge besucht… und abgeschlossen! Mit dem gleichen Messgerät fand er heraus, dass RTL und Co. ein bisschen schwach auf der Brust seien würden. Im Keller gab es neue Bauteile. Ja, und es half! Etwas zumindest. Denn jetzt schalteten RTL und Co. erst um 21 Uhr 45 ab. Am nächsten Morgen sollte der nächste Anruf sein, aber um 22 Uhr gab es einen Stromausfall im Stadtteil. Um 3 Uhr gab es wieder Strom, und auch die Privaten. Eine ganze Woche war alles gut. Dann flog ein Hubschrauber übers Haus und alles war vorbei.

Udo, Ingenieur, nahm die Sache nun selbst in die Hand. Er legte eine Leitung quer durchs Haus, denn der Empfang bei Tochter Clara funktionierte. Am TV angeschlossen war OK, für den Augenblick, nicht aber am Abend.

Udo erzählte uns davon, wir besuchten ihn. Ich sagte aus Spaß: „Das Stromkabel vom TV kreuzt das Antennenkabel. Leg' das mal anders." Wir lachten alle. „Ist klar", sagte Udo, „das Koaxial-Kabel der Antenne ist doch abgeschirmt. Außerdem ist die gesamte Anlage neu geerdet worden." Udo legte spaßeshalber das Kabel weg vom Stromkabel... RTL war da! Hier stoppt nun das unerklärliche Experiment. Udo verlegte außen am Haus ein neues Kabel. Seither gab es keine Probleme mehr.

Tja, soweit, so gut... 6 Monate später war alles wieder wie gehabt, die privaten Sender fielen aus. Jetzt hat Udo DVBT eingerichtet und den Kabelkanal gekündigt.

Anmerkung der Geisterjäger: Es wird eher ein technisches Problem gewesen sein. Udo schaut jetzt über Satellit seine Programme. Akte geschlossen.

Ein Geist in blond

Es war eine ganz normale Nacht. Gegen 3 Uhr wurde ich wach. Die Augen waren geschlossen. Ich fühlte mich beobachtet. Langsam öffnete ich meine Augen und erschrak fürchterlich. Über mich beugte sich eine Frau mit blonden Haaren und rotem Gewand. Sie hatte kein Gesicht, alles war mit diesen hellblonden Haaren bedeckt. Das Gewand war rot, ohne Arme und nach unten spitz zulaufend. Diese Erscheinung war etwa 170 cm groß. Es war dunkel im Raum und trotzdem konnte ich diese leuchtenden Haare und das rote Gewand deutlich ausmachen. Langsam bewegte ich mich aus Angst zur Bettmitte in Richtung meiner Frau, die fest schlief. Sie nahm gegen 23 Uhr eine Schlaftablette. Die Erscheinung ließ von mir ab und richtete sich auf.

Dabei schwebte sie vom Bett ab in Richtung Schrank und wurde über 2 Meter groß. Meine Angst vergrößerte sich, ich schloss die Augen. Irgendwann schlief ich ein.

Und wie sieht es bei Silke und ihrem Sohn aus?

Sie bekamen noch ihre Antworten. Danach gab es keinen Kontakt mehr. Silke sagte zu uns: „Wir wissen nun, dass wir uns alle wieder sehen werden."

Hier noch einmal ihre Geschichte:

Antworten aus dem Jenseits

Bewegungsmelder arbeiten nach verschieden Prinzipien. Wir haben sie alle, weil wir an das Übernatürliche glauben. Wir stellten fest, dass ein Bewegungsmelder nicht nur Helligkeitsabhängig ist, sondern auch vom Lichtschalter beeinflusst wird, obwohl beide nichts miteinander zu tun haben. Unser Test ging so: wir klebten den Lichtsensor ab und schalteten das Flurlicht an. Nichts passierte. Schalteten wir das Flurlicht aus, so piepte der Sensor. Wir schraubten die Lampe heraus. Trotzdem piepte es, wenn man das Flurlicht ausgeschaltet hat, obwohl nicht an. Voraus ging folgende Erscheinung: Um 7 Uhr morgens wurde ich wach, da ich mich beobachtet fühlte. Etwa 5 Sekunden später piepte der Bewegungsmelder. Es war dunkel im Haus, das Flurlicht nicht eingeschaltet. Kein Licht, kein Schatten der den Bewegungsmelder auslösen hätte können. Diese Erscheinung erzählte ich um 10 Uhr meinem Sohn. Wir saßen im Esszimmer. „Ob das Vater war?", fragte ich meinen Sohn. In dem Augenblick piepte der Bewegungsmelder zwei Mal. Auch weitere Fragen wurden auf diese Art beantwortet. Antworten, die nur ich und mein Sohn kannten.

Es gibt also kein Signal wenn eine Energie kommt, sondern wenn sie geht. So zumindest testeten wir es mit den Sensoren. Lichtschalter einschalten... nichts passiert... Lichtschalter ausschalten... Signal ertönt. Um 7 Uhr wurde ich also wirklich beobachtet. Ein Energiewesen kam, es gab kein Signal, es beobachtete mich, ich wurde wach... das Energiewesen ging... das Signal ertönte. War es mein verstorbener Mann Wolfgang?

UFOs am Edersee

Dies ist eine wahre Beschreibung einer wahrscheinlichen UFO-Sichtung. Es wird detailgenau alles geschildert. Alle Bilder sind in Original-Zustand, nicht manipuliert. Wir haben versucht zu analysieren, was zu sehen ist. Bilden Sie sich bitte ein eigenes Urteil. Bei einem Bilde haben wir unseren Eindruck eingezeichnet, daneben sind freie Bilder, in denen Sie das zu erahnende einzeichnen können. Die Bilder im Text sind Vorschaubilder. Danach folgen Bilder in größter Auflösung. Wir garantieren, dass die Bilder nicht manipuliert und fortlaufend sind. Weiterhin haben wir alle relevanten Daten zusammengetragen:

Datum: 17.Oktober 2019

Genauer Ort: 51°10'34.9"N   8°57'10.7"E   Asel-Süd Eingang zum Nationalpark Kellerwald-Edersee

Uhrzeit: 17:50 Uhr

Kamera: CASIO EXILIM

Anwesende: Renate und Uwe H. Sültz

Sonnenuntergang: 18:07 Uhr

Mondaufgang: 20:05 Uhr

Übersichtskarte:

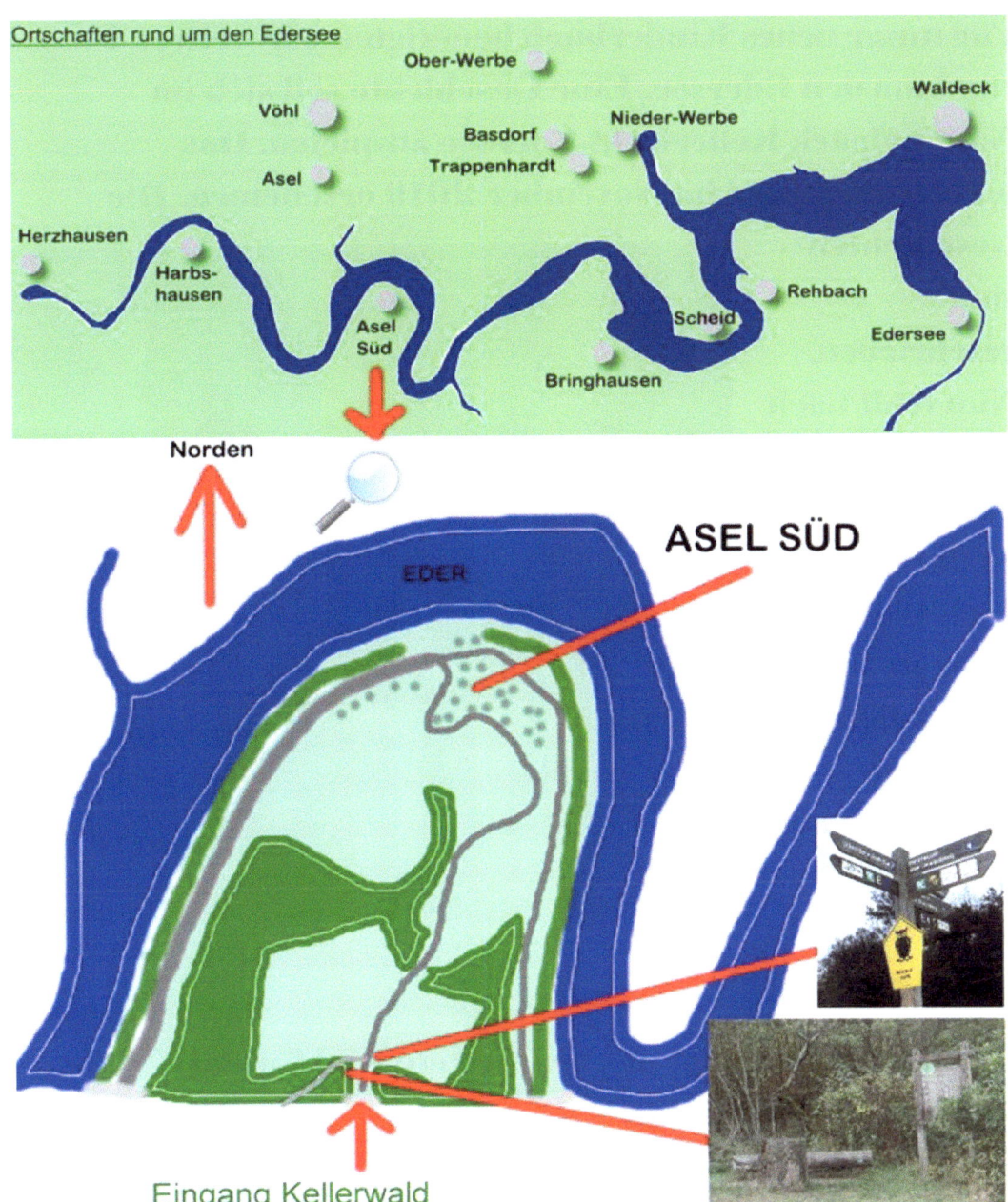

Ortschaften rund um den Edersee

Ober-Werbe

Vöhl

Waldeck

Nieder-Werbe

Basdorf
Trappenhardt

Asel

Herzhausen

Harbs-
hausen

Asel
Süd

Rehbach

Scheid

Edersee

Bringhausen

Norden

EDER

ASEL SÜD

Eingang Kellerwald

75

Ablauf:

Für unser neues Kinderbuch benötigten wir weitere Fotos rund um den Edersee. Eine Geschichte soll sich im Nationalpark Kellerwald-Edersee abspielen. Das Kinderbuch wird im November 2019 erscheinen. Die Geschichten sind geschrieben. Nun fehlt noch ein Bild vom Eingang in den Kellerwald in Asel-Süd. Dort steht eine Bank, die wir bei jedem Aufenthalt am Edersee besuchen und eine Brotzeit einlegen.

Das Bild rechts zeigt das bearbeitete Bild für das Kinderbuch ohne UFO.

Am darauffolgenden Tag mussten wir die Heimreise antreten. Bis etwa 17:30 Uhr waren wir im Café Raabe in Herzhausen. Um das letzte Bild noch bei Licht zu fotografieren, fuhren wir nun direkt nach Asel-Süd und

weiter bis zum Eingang Kellerwald. Ab hier kann mit dem PKW nicht weiter gefahren werden. Um zu zeigen wo wir uns, später die Leser sich, befinden, fotografierten wir auch das Richtungs- und Hinweisschild.

Das Auto stand in Richtung Süden. Aus dem Schiebedachfenster fotografierte ich. Die Fahrzeugbeleuchtung war eingeschaltet. Es hat nicht geregnet. Langsam bewegten wir uns auf die Bank zu, schwach ist das Licht des KFZ zu erkennen. Zwischen KFZ und der Bank gab es kein Hindernis. Die Kamera hielt ich nun oben aus dem Schiebedach und fotografierte mit Blitz. Langsam bewegten wir uns nun um das Richtungs- und Hinweisschild herum in

Richtung Osten und fotografierten. Weiter ging es in Richtung Norden, ein weiteres Foto. Wir fuhren nun zurück zur Ferienwohnung. Fotografierten nun das Abendessen und den Abschied. Dies sei erwähnt, da wir

hier die Fotos im Original mit Fotonummern veröffentlichen, diese privaten Bilder fehlen also.

Nach dem Essen kontrollierten wir die Bilder und sahen zunächst diese grellen Punkte. Ich kontrollierte die Kameralinse, diese ist sauber gewesen. Nun diskutierten wir darüber. Mein Opa hatte früher Katzenaugen im Garten aufgestellt, um Vögel zu verjagen, die die Kirschen aßen. Heutzutage werden auch CDs aufgehängt, die reflektieren können. Oder war es der Mond oder die untergehende Sonne? Nach unserer Recherche ging der Mond erst um 20:05 Uhr auf. Und die Sonne geht im Westen unter, wir schossen das Bild mit den Objekten in Richtung Süden.

Also beschlossen wir, das Quartier schon um 9:30 Uhr, statt um 11 Uhr, zu verlassen. Wir stellten die gesamte Situation nochmals nach. Im Wald war kein Objekt zu finden, das reflektieren könnte.

Tage später kontrollierten wir alles auf dem Computer und sahen, dass noch viel mehr zu sehen war.

Die nachfolgenden Bilder zeigen das originale Bild und bearbeitete Bilder zur Erklärung:

Das Objekt ist vor den Ästen, wohl hinter der Bank, also etwa unter einem Meter groß

UFOs ?

Abstand zwischen KFZ und Bank ca. 8 Meter

Wegfliegendes Objekt

Objekt wird kleiner, fliegt also von uns

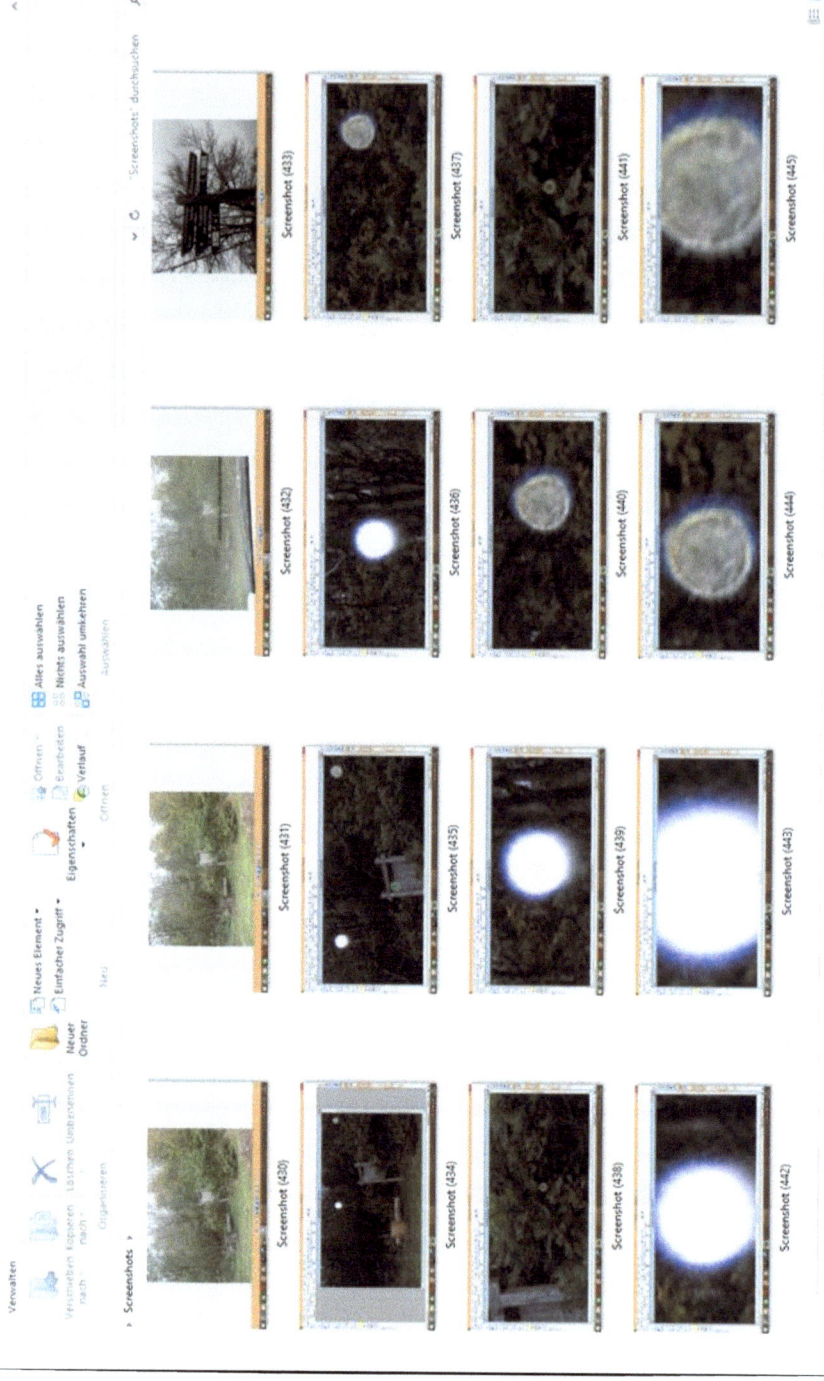

Screenshot (433)
Screenshot (437)
Screenshot (441)
Screenshot (445)

Screenshot (432)
Screenshot (436)
Screenshot (440)
Screenshot (444)

Screenshot (431)
Screenshot (435)
Screenshot (439)
Screenshot (443)

Screenshot (430)
Screenshot (434)
Screenshot (438)
Screenshot (442)

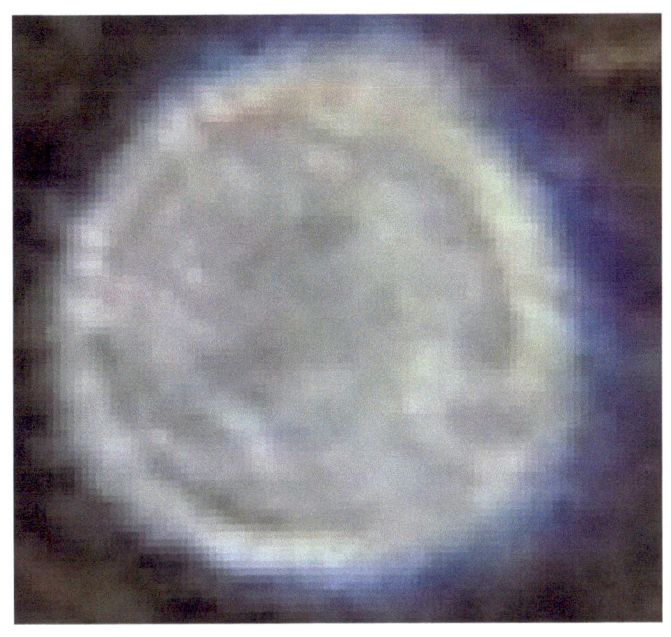

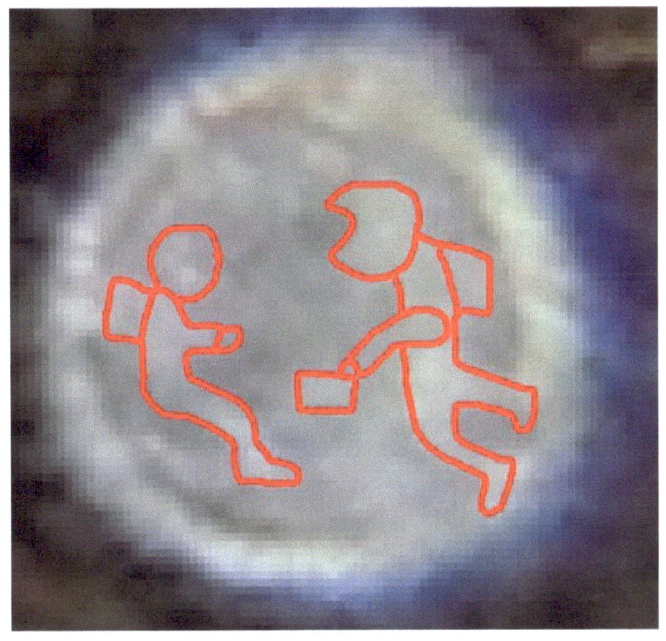

UFOLOGIE

Renate & Uwe H. Sültz

UFOs am Edersee
Do 17.10.2019, 17:53 Uhr, Sichtung und Analyse
Originale Aufnahmen von UFOs am Edersee in Asel-Süd

Was passierte an diesem Ort?

UFOs at the Edersee in Germany (sighting and analysis)
DEUTSCH/ENGLISCH

Paranormale Phänomene/Plasma Kugeln/Energie Blasen
im Kellerwald-Edersee National Park

Auf den folgenden Seiten können Sie nun Ihre eigenen Erfahrungen eintragen. Wie gesagt, wir haben es z.T. selbst erlebt oder es wurde so an uns heran getragen.

Eigene Erlebnisse

Datum Uhrzeit Erscheinung

Eigene Erlebnisse

Datum Uhrzeit Erscheinung

Eigene Erlebnisse

Datum Uhrzeit Erscheinung

Eigene Erlebnisse

Datum Uhrzeit Erscheinung

Eigene Erlebnisse

Datum Uhrzeit Erscheinung

Eigene Erlebnisse

Datum Uhrzeit Erscheinung

Eigene Erlebnisse

Datum Uhrzeit Erscheinung

Eigene Erlebnisse

Datum Uhrzeit Erscheinung

Eigene Erlebnisse

Datum Uhrzeit Erscheinung

Eigene Erlebnisse

Datum Uhrzeit Erscheinung

Eigene Erlebnisse

Datum Uhrzeit Erscheinung

Eigene Erlebnisse

Datum Uhrzeit Erscheinung

Eigene Erlebnisse

Datum Uhrzeit Erscheinung

Zum Abschluss sei gesagt, dass wir großen Respekt und Anerkennung, sowie Demut vor allen Menschen zeigen, die uns kontaktiert haben. Das Gleiche gilt für den Übergang in eine neue Dimension.

Einige Ereignisse kamen auch uns suspekt vor, aber so sind sie nun einmal an uns herangetragen worden.

Bilden Sie sich Ihre eigene Meinung zum Thema. Versuchen Sie so objektiv wie möglich zu sein. Finden Sie Ihren Weg!

Wir wünschen Ihnen alles Gute dabei! Bleiben Sie gesund, in dieser schlimmen Corona-Zeit und danach...

Renate & Uwe H. Sültz